또, 하나의 별을 따다

염경희 제2시집

TO _____

별을 딸 때마다 고달픔과 외로움은
봄눈 녹듯이 사르르 녹아내립니다.

지난 삼십여 년!
수없이 많은 사연을 극복하기까지
하늘을 보면 달이 웃어주고,
별은 늘 반짝반짝 꿈을 꾸게 했습니다.

사회인으로 돌아가는 길목에서
큰 별을 가슴에 달고 꽃길로 향합니다.

날마다 행복의 씨를 뿌려
희망의 꽃밭에 여러분을 초대합니다.

시인 염경희 드림

시음사
시사랑음악사랑

시인의 말

수없이 많은 사연을 가슴에 묻고 살아온 시간이 파노라마 되어 밤하늘에 별빛처럼 가슴에서 출렁입니다.

생활에 쪼이고, 직장에 매여 꿈은커녕 밥벌이에 몰두하면서 지내오다 보니 어느새 거울 속에 비친 한 여인의 머리에는 서리꽃이 하얗게 피었습니다.
곱디 고왔던 눈가와 이마에도 실주름이 그어져 내 어릴 적 엄마가 거울 속에서 빙그레 웃는 모습이 지금의 자신임에 허무함이 큽니다.

어느 날, 빛바랜 사진 한 장 남겨두기 싫어서 흔적을 지우던 그 모습 또한 현실에서 도망치고 싶은 마음에 발버둥 쳤다는 사실에 얼굴이 붉어집니다.

이제, 마음 깊이 숨겨 둔 이야기보따리 풀어 글 밭에 씨를 뿌리고 꽃길로 행복 찾아가는 길입니다.
부끄럽지 않게 걸어온 길에서 하나하나 정성스럽게 따온 별을 꽃길로 걸어가는 길목에 걸어놓고 머지않아 마지막으로 내 품에 안길 군주의 별을 손꼽아 기다립니다.

지난 삶의 과정에서 별은 한 계단, 또 한 계단씩 승진 과정을 밟아 올라온 것을 약속처럼 정해 놓고, 작은 별부터 큰 별까지 품에 안는 황홀함을 표현한 것입니다.

사회인으로 돌아가는 시점이 되었습니다.
누구나 직장인이 겪는 일이겠지만, 한 우물을 파면서 달려 온 시간을 선뜻 내려놓기 힘들었고, 준비되지 않은 현실에 방황만 할 수 없어서 정년퇴직 기념으로 제2시집을 출간합니다.

저의 첫 번째 시집 "별을 따다"에서는 지난 나의 삶을 세상에 내놓아서 눈물의 흔적이 많아 부끄러운 내용이 많았습니다.
제2시집 "또, 하나의 별을 따다"에서는 과거는 물처럼 바람처럼 흘려보내고, 이제 그동안 애써 가꾸어 놓은 꽃길로 걸어가면서 한 가정을 책임지는 가장의 삶이 아닌 자신을 사랑하는 한 여자의 행복을 담아 독자에게 다가서고 싶습니다.

흘려보낸 세월도 내 인생이요, 앞으로의 인생 또한 나의 삶이니 미련도 후회도 없이 내가 주인인 세상을 꿈꿉니다.

저의 '詩'를 읽는 독자가 희망과 꿈을 버리지 않고, 붉은 장미처럼 뜨거운 열정으로 현대인들의 치열한 경쟁 속에서도 떳떳하게 건강한 삶이 되기를 바랍니다.
저의 시집이 누군가의 가슴에 별이 되어 희망의 씨앗으로 피어나 꿈을 이루는 원동력이 되기를 희망합니다.

비 내린 후 땅이 단단해진다고 했던가요?
비 개인 후 피어나는 무지개처럼 아름답기를 희망하고, 익을수록 고개를 숙이는 겸손함으로 독자에게 꿈과 희망을 주는 시인이 되고 싶은 마음 간절합니다.

시인 **염경희**

- 목차

제1부 툭 툭 털어 버려

시를 쓰는 소녀 ······ 12	마패 ······ 28
툭 툭 털어 버려 ······ 13	아침 편지 ······ 29
빨간 우체통 ······ 14	이름이 궁금했어! ······ 30
염탐 ······ 15	숨겨둔 사랑 ······ 31
민들레 ······ 16	비밀 ······ 32
정들면 고향이더라 ······ 17	걸음마 ······ 33
미운 정 ······ 18	꽃잎 편지 ······ 34
인생 역전 ······ 19	나의 아픈 손가락 ······ 35
비 오는 날의 수채화 ······ 20	빈 의자 ······ 36
소낙비 ······ 21	파트너 ······ 37
겨울 무지개 ······ 22	나눔의 행복 ······ 38
겨울밤의 애상 ······ 23	별을 훔친 사연 ······ 39
울 엄마는 모도리 ······ 24	제비꽃 ······ 40
침입자 ······ 25	봄 아씨 ······ 41
꿈을 꾸다 ······ 26	옹이 ······ 42
여행길에 만난 소나기 ······ 27	꽃잠 ······ 43

제2부 또, 하나의 별을 따다

엄마의 함박웃음 ··········· 45
꽃길 ··········· 46
또, 하나의 별을 따다 ··········· 47
일탈 ··········· 48
새벽이 오는 길목 ··········· 49
민들레꽃 ··········· 50
빨간 입술 ··········· 51
하얀 제비꽃 ··········· 52
택배 ··········· 53
굴레 ··········· 54
붓 ··········· 55
김치 수제비 ··········· 56
가을 엽서 ··········· 57
내리사랑 ··········· 58
소녀의 꿈 ··········· 59
돌다리 ··········· 60
그리움만 쌓이네 ··········· 61

밀주 密酒 ··········· 62
너의 길이야 ··········· 63
나팔꽃 인생 ··········· 64
한잔해 ··········· 65
맞바람 불어 좋은 날 ··········· 66
휴연정 연가 ··········· 67
넋 놓고 물 구경 ··········· 68
호박소 (얼음골 계곡) ··········· 69
비타민 ··········· 70
오색 엽서 ··········· 71
돌아갈 수 없는 길 ··········· 72
오! 필승 코리아 ··········· 73
돌아보니, 꽃길 ··········· 74
졌다, 졌어 ··········· 75
자리끼 ··········· 76

- 목차

제3부 별을 따다

짝사랑 ····· 78	인내심 ····· 94
별을 따다 ····· 79	인간관계 ····· 95
울 엄마의 치부책 ····· 80	딱 좋은 나이 ····· 96
청풍호 가는 길 ····· 81	한가위 보름달 ····· 97
툭 툭 털어 버려! ····· 82	홀씨 ····· 98
꽃다지 ····· 83	소꿉친구야 ····· 99
어머니의 속울음 ····· 84	낡은 수레 ····· 100
애상 愛想 ····· 85	속정 ····· 101
새벽 비 ····· 86	붕어빵 내 새끼 ····· 102
지구가 아파요 ····· 87	문풍지 흔들리는 밤이면 ····· 103
엄마의 향기 ····· 88	가을밤은 깊어가고 ····· 104
너를 사랑하는 이유 ····· 89	봄이 오는 길목 ····· 105
보릿고개 길 ····· 90	인생길 ····· 106
당신과 함께라면 ····· 91	왜? ····· 107
꽃마리 ····· 92	회고 ····· 108
행복 찾아 나선 길 ····· 93	집으로 들어가는 길 ····· 109

제4부 고향 가자

시월이 되면 … 111
오늘 밤은 내가 주인공 … 112
제트보트 … 113
하늘길에서 본 세상 … 114
기회 … 115
곳간 열쇠 … 116
스승의 날 … 117
바람길 … 118
종이컵의 하소연 … 119
비우면 채워지는 삶이 좋다 … 120
고향 가자 … 121
친구야 … 122
가슴에 묻었다 … 124
울고 있는 보름달 … 125
찔레꽃이 필 무렵 … 126
화전 … 127
가을 풍경 … 128
가면 … 129
그대 향기 … 130
정도(程度)의 공간 … 131
봄비의 신비함 … 132
엽전 … 133
밭어버이 그리운 날 … 134
동창생 … 135
황혼의 여백 … 136
외눈 … 137
나이 듦의 지혜 … 138
허수아비 … 139
나폴리 항구의 비애 … 140
장미의 속내 … 141
출산의 고통 … 142
내비게이션 … 143

 스마트폰으로 QR 코드를 스캔하면
시노래와 시낭송을 감상할 수 있습니다

시노래

 시노래 모음

 제목 : 툭 툭 털어 버려
 제목 : 아침 편지

 제목 : 빈 의자
 제목 : 옹이

 제목 : 꽃길
 제목 : 한잔해

 제목 : 짝사랑
 제목 : 엄마의 향기

 제목 : 딱 좋은 나이
 제목 : 왜?

 제목 : 고향 가자
 제목 : 가면

 제목 : 겨울 무지개
시낭송 : 박영애

 제목 : 울 엄마는 모도리
시낭송 : 박영애

 제목 : 침입자
시낭송 : 조한직

 제목 : 꿈을 꾸다
시낭송 : 박영애

 제목 : 여행길에 만난 소나기
시낭송 : 박영애

 제목 : 마패
시낭송 : 조한직

 제목 : 파트너
시낭송 : 박영애

 제목 : 봄 아씨
시낭송 : 박영애

 제목 : 엄마의 함박웃음
시낭송 : 박영애

 제목 : 또, 하나의 별을 따다
시낭송 : 박영애

 제목 : 일탈
시낭송 : 박영애

 제목 : 김치 수제비
시낭송 : 박영애

 제목 : 가을 엽서
시낭송 : 최명자

 제목 : 내리사랑
시낭송 : 박영애

 제목 : 밀주
시낭송 : 박영애

 제목 : 돌아갈 수 없는 길
시낭송 : 박영애

 제목 : 울 엄마의 치부책
시낭송 : 박영애

 제목 : 툭툭 털어 버려
시낭송 : 박영애

 제목 : 어머니의 속울음
시낭송 : 박영애

 제목 : 엄마의 향기
시낭송 : 박영애

 제목 : 너를 사랑하는 이유
시낭송 : 박영애

 제목 : 당신과 함께라면
시낭송 : 박영애

 제목 : 행복 찾아 나선 길
시낭송 : 박영애

 제목 : 오늘 밤은 내가 주인공
시낭송 : 박영애

 제목 : 곳간 열쇠
시낭송 : 박영애

 제목 : 바람길
시낭송 : 박영애

 제목 : 친구야
시낭송 : 조한직

 제목 : 가슴에 묻었다
시낭송 : 박영애

 제목 : 찔레꽃이 필 무렵
시낭송 : 전선희

 제목 : 밭어버이 그리운 날
시낭송 : 김락호

 제목 : 나이 듦의 지혜
시낭송 : 전선희

 본문 시낭송 모음 1

 본문 시낭송 모음 2

 제1시집 본문 시낭송 모음 1

제1시집 본문 시낭송 모음 2

영상은 YouTube 정책 또는 운영 관리에 따라 삭제될 수도 있습니다.

시인은 자연을 이야기하고 시낭송가는 자연을 품었다
글자는 날개를 달아 언어로 날고 소리는 자연에 눕는다

제1부

툭 툭 털어 버려

시를 쓰는 소녀

빨간 햇덩이가 하얀 구름 타고
파란 바다에 숨어드는 순간
잔잔한 바다는 무지갯빛 포말로 부서진다

살랑살랑 찾아 든 가을바람은
천지를 유영하며
소녀 내심까지 흔들고 있다

노을 진 자리에
빨간 도화지가 펼쳐진 만큼
반짝이는 촉을 잠재울 수는 없지

황홀함에 사색하던 소녀의 붓은
포말에 오선지를 그려놓고
곱디고운 시어를 줄줄이 걸어 놓는다.

제목 : 시를 쓰는 소녀
시낭송 : 박영애
스마트폰으로 QR 코드를 스캔하면
시낭송을 감상할 수 있습니다

툭 툭 털어 버려

툭툭 털어버려요.
툭툭 놓아버려요.

지난 세월 지워버리고
사랑 찾아 행복 찾아
훨 훨 훨 날아 보아요.

후회도 툭 툭
미련도 툭 툭
모두 다 털어 버려요.

삶의 무게 벗어던지면
가벼워질 두 어깨에는
웃음으로 피어나는 꽃씨를 심어요

두 주먹에 쥐고 있던
세상사의 이야기는
지우개로 지워버리고
우리 손잡고 하늘을 날아 보아요

꽃바람이 토닥이면
행복의 꽃은 열매를 맺고
사랑의 꽃은 피어난대요

훌 훌 풀어 버려요.
훌 훌 날려 버려요.

거침없던 지난날들
추억 속에 풀어 버리고
파란 하늘에는
희망을 그려보아요.

제목 : 툭 툭 털어 버려
스마트폰으로 QR 코드를 스캔하면
시노래를 감상할 수 있습니다

빨간 우체통

봄바람 살랑이고
꽃향기 춤을 추면
호수는 덩달아 찰랑거린다

하얀 집에 빨간 고깔 씌워
햇살이 쉬어가는 창가에
곱게 걸어 놓았다

개나리 진달래 피면
두리둥실 두둥실 꽃바람 타고
보랏빛 엽서 오겠지

새벽까치가 울면 행여나 소식 왔을까
콩닥거리는 맘 달래며
열어보고 또 열어보는 빨간 우체통.

제목 : 빨간 우체통
시낭송 : 최명자
스마트폰으로 QR 코드를 스캔하면
시낭송을 감상할 수 있습니다

염탐

창가에 살포시
내려앉아 귀를 쫑긋 세운 너

너의 나지막한 숨소리가
내 마음을 콩닥거리게 하잖아

너는 새침데기
은밀하게 들여다보지만
내 마음은 항상 열려 있어

숨어서 염탐 말고
훌쩍 들어와
세상 도는 이야기 들려줄래.

민들레

가장
낮은 자세로
당당하게 웃는 너

누구인들
네 웃음에
반하지 않을까?

정들면 고향이더라

타향살이에 그리움만 한 광주리
밤하늘만 멍하니 바라보노라면
별들이 조곤조곤 다가온다

별똥별은 창가에 걸리고
달 뉘를 맴돌던 하얀 구름은
고향의 밥 짓는 냄새가
모락모락 피어나는 것 같구나

달과 별의 유혹에
공허했던 내심(內心)이 파장을 일으켰다
깜박깜박 신호등을 밝혀 주는
별들을 좇아 가보자
아마도 정 부칠 곳 있겠지

나고 자란 곳만 고향이더냐
정들면 고향이지
세상일은 마음먹기에 달렸다
그리움일랑 달 뉘에 훌훌 풀어 놓고
반짝이는 별들처럼 알콩달콩 살아보자.

*달 뉘: 달무리의 방언(함경남도)

제목 : 정들면 고향이더라
시낭송 : 박영애
스마트폰으로 QR 코드를 스캔하면
시낭송을 감상할 수 있습니다

미운 정

무촌이라고 했나요?
부부가 돌아서면
원수보다 못한 인연

내 살점 떼어주며
바람막이가 되었어도
향기 따라간 사람

속살 비비며
붉게 피운 사랑도
방랑기에 속절없이 무너져

사랑이 미움 되고
그리움은 먼지가 되어
허공에 떠도는 것은 미운 정뿐.

인생 역전

인생은
만드는 것도 내 몫이고
즐기는 것 또한 내 몫인 것을

자라목을 하고 재다 보면
손에 쥐여준 떡을
맛나게 먹지 못한다

살면서
순간에 슬그머니 다가온
찰나의 기회를 잡을 줄 안다면

늘 그 자리만
맴돌고 있는 듯했던 삶에도
인생 역전은 찾아온다.

비 오는 날의 수채화

활짝 웃던 아가야
하늘이 울어서
너도, 덩달아 꽃비 되어 내리니

수련잎에
동동 떠 있는 너를 보니까
따뜻한 차 한 잔이
그리워지는 날

짧은 만남
긴 여운이 아쉬움으로 남지만

처마 밑에 옹기종기 모여 앉아
곱게 웃어주는 모습에
내리는 빗소리는 더 정겹다.

소나비

낮에 떠돌던 구름 속에서
은밀히 속삭이더니
어스름이 깔린 가로등 밑
은빛 가루를 뿌려 놓는다

한낮 열기에 달아올랐던
아스팔트 위에도
하얀 밤안개처럼 피어올라
거꾸로 선 가로등과 마주한다

바람이 불면 부는 만큼
소낙비는 흔들흔들 춤추고
다람쥐 쳇바퀴 돌리듯
귓가에 감기는 목소리

비가 내리면
소낙비가 내리면
깊은 곳에 숨겨 둔 그리움
무릎에 앉혀 놓고 만지작거린다.

겨울 무지개

긴 잠을 툴툴 털고 나선 오솔길
구름 뒤로 살포시 내민 햇살이
뼛속까지 스며들듯 상큼하다

솔가지의 하얀 꽃가루는
긴 잠에서 깨어난 것을 축복하듯
눈 꽃길 열어주고

잠재된 모든 잡념
들숨과 날숨으로 걸러내며 걷는 길
겨울 목의 우듬지 사이로
겨울 무지개가 떴다

"너무 곱다, 너무 고와!"

환희를 감출 수 없는 산책길
언 땅을 비집고 잎을 틔우는 새싹처럼
무력해진 심신을 충전하는 시간

이제 침체한 일상을 벗어내고
하얀 눈 위에 피어나는
겨울 무지개처럼
형형색색의 삶을 빛나게 살아보자.

제목 : 겨울 무지개
시낭송 : 박영애
스마트폰으로 QR 코드를 스캔하면
시낭송을 감상할 수 있습니다

겨울밤의 애상

살을 에는 바람마저
사립문 넘어서서는 차마
문고리를 흔들지 못합니다

고요가 긴 겨울밤을
침묵으로 묵인할 때면
에는 바람보다 더 무서운 게
그리움입니다.

휘영청 밝은 달그림자 좇아
처마 밑을 배회하던 동장군도
까치발로 사뿐거리는 밤

문풍지 흔들어대는 날숨은
그리움을 토닥이고
콩닥콩닥 방앗소리는
임을 부르는 노래입니다

밤새도록 달빛이 머물러도
휑한 호수는 채워지지 않고
그리움은 눈물비 되어 내리는 밤입니다.

제목 : 겨울밤의 애상
시낭송 : 박영애
스마트폰으로 QR 코드를 스캔하면
시낭송을 감상할 수 있습니다

울 엄마는 모도리

제목 : 울 엄마는 모도리
시낭송 : 박영애
스마트폰으로 QR 코드를 스캔하면
시낭송을 감상할 수 있습니다

밭어버이 잃으시고
하늘이 무너지는 아픔에 마음이 여위었지만
다섯 꽃봉오리 손을 놓지 않았다

아주 먼 나루를 내 집 드나들듯 하여
등짐장수의 된길이
마디마디에 옹이로 굳어졌어도
꽃을 피워 낸 울 엄마는 모도리다

부피는 커도 가벼운 보리새우를 받아와
이고 지고 먼 길을 다니며
어쩌다 달구비가 내릴 때면
등짐을 숨길 곳 찾느라 애태우는 날이 잦았다

보리새우 값을 쌀로 받아 온 날이면
꽃봉오리들의 웃음은 울타리를 넘고
모도리의 고된 하루도 스르르 녹아내린다

허리가 굽어진 모도리는
지난날의 모든 시름 벗어 버리고
짤짤이 놀이에 한창이다
나도 엄마 닮은 모도리가 되고 싶다.

* 모도리 : 빈틈없이 아주 여무진 사람   * 밭어버이 : 아버지
* 된길 : 몹시 힘이 드는 길   * 달구비 : 빗발이 아주 굵게 쏟아지는 비
* 애타다 : 몹시 답답하거나 안타까워 속이 끓는 듯하다
* 짤짤이 : 손안에 있는 동전의 개수를 맞히는 일

침입자

경관이 아름다워
사시사철 여행 온 기분이 드는 곳
별장 같은 직장이다.

푸르름에 엔도르핀 받고
인공 폭포수가 흐르는 연못가에 앉아
노을빛이 물든 포말에 하루를 접는 순간

비명에 아수라장이 된 조리실
언제 들어와서 살고 있었을까
냉장고 밑에 느긋하게 똬리 틀고 있다

심장이 쪼그라들었지만
침입자를 퇴치해야 하는 책임감에
남자 찾아 삼만리 뛴 것 같다

제 사는 곳이 얼마나 좋은데
열기 펄펄 나는 예까지 왔는지
무단 가택 침입자는 꽃뱀이었다.

제목 : 침입자
시낭송 : 조한직
스마트폰으로 QR 코드를 스캔하면
시낭송을 감상할 수 있습니다

꿈을 꾸다

몸은 하나인데 두 삶을 살아온 세월
참 사연도 많다
에움길 돌아 숨을 쉴라치면
또 다른 가시덤불이 앞서서 있다

한 몸 사리지 않고 묵묵히 걸어온 길
새는 항아리 채우기 급급했지만
빈 가슴 한쪽에는 늘 희망이 꿈틀거렸다

벼랑 끝에 몰렸을 때
빈 가슴을 채울 방도를 찾고
막다른 골목을 벗어난 지금에야 웃는다

아흔아홉 칸 기와집은 아니어도
늘 갈망하던 편한 잠자리가 있어
두 다리 뻗고 꿈을 꾸는 작은 집이 좋다

꿈에 그리던 아담한 집에서
지난 삶이 헛되지 않음에 감사하며
단풍처럼 물들어 가는 황혼이 행복하다.

제목 : 꿈을 꾸다
시낭송 : 박영애
스마트폰으로 QR 코드를 스캔하면
시낭송을 감상할 수 있습니다

여행길에 만난 소나기

세 번째 스무 살을 보내는 날
낮에 떠돌던 구름이
갑작스레 울고 있다

어스름이 깔린 가로등 밑에 앉아
남한강에 피어난 물안개 바라보며
사랑 한잔에 추억을 풀어 마신다

푸르름에 물든 나뭇잎 사이로 비추는
노을빛 햇살이 유난히도 곱고
소나기에 젖어 빛나는 나무와 꽃들처럼
그대와의 사랑은 물안개처럼 피어난다

이만큼 살아오면서 겪은 시련들을
충주호에 가라앉은 달빛에 풀어놓고
여행길을 동반한 소나기가 씻어 준 마음은
온통 행복으로 채워진다.

제목 : 여행길에 만난 소나기
시낭송 : 박영애
스마트폰으로 QR 코드를 스캔하면
시낭송을 감상할 수 있습니다

마패

제목 : 마패
시낭송 : 조한직
스마트폰으로 QR 코드를 스캔하면
시낭송을 감상할 수 있습니다

선조들의 애환을 몸소 체험한 날

자신만만한 기세만 앞세워
선비 된 마음으로 붓 통하나 챙겨 들고
과거 시험장에 들어선 순간

나름 채워 둔 뇌는 하얗게 비워지고
형체를 알 수 없는
까만 벌레들만 득실거렸다

삼복더위가 온몸을 달궈 줄 때보다 더
불덩이로 달아올라 입술마저 말라 든다

괴나리봇짐 메고
문경 새재 고갯길을 넘나들며
과거 시험 보던 선조들이 생각났다

마패를 거머쥐는 꿈은 사라질까?
희열의 꿈을 여기서 접어야 하나
쥐구멍에라도 들어가고 싶은 찰나

아! 호명되었다
"염경희"라는 이름이 불리는 순간
가슴이 내려앉고
입가에는 낮달만큼 환한 미소가 피었다.

아침 편지

들려오는 가을 빗소리와
문지방을 넘어선 가을 향기에
스르르 잠이 들었다

얼마만의 단잠이었을까
이름 모를 새들이
아침 편지 물고 와
오색 나뭇가지에 걸어 놓는다

살랑 살랑이는 운무 따라
모닝커피 향 단풍에 스며들고
청아한 목소리로 읽어주는
새들의 아침 편지에 흠뻑 젖는 시간

가을비 들녘에
더없이 출렁이는 황금물결
끼니를 건너도 배부른 아침이다.

제목 : 아침 편지
스마트폰으로 QR 코드를 스캔하면
시노래를 감상할 수 있습니다

이름이 궁금했어!

양지바른 벤치에 앉아
봄바람이 불어올 때마다
코끝을 스치는 향기에 취한다

작년 재작년에도
볼 수 없었던
하얀 꽃들이 나풀거린다

가녀린 꽃잎은
작은 나비같이 앙증맞아
차마 만질 수조차 없다

처음 보는 꽃에
이름을 살그머니 물었더니
하얀 제비꽃이란다

숨겨둔 사랑

낮에 떠돌던 구름이
소리 없이 울고 있는 밤
어스름이 깔린 후미진 자리에서
술잔을 기울인다

가로등 불빛에 푸르름이 물들고
그 속에서 마음을 주고받는다

모처럼 마주한 자리
달빛은 물안개에 띄워 놓고
빈 잔에 사랑을 채워 마신다

부딪치는 술잔의 떨림이
전류 흐르듯 전해지는 순간
숨겨둔 사랑 횃불처럼 타오른다.

비밀

소녀에겐 비밀이 있어요

파란 새싹이 피어날 적에
노란 산수유 꽃망울의
예쁜 입술을 훔쳤거든요

그때부터 소녀는
깊은 사랑에 빠졌답니다

햇살 웃어주는 한낮이면
연둣빛 사랑을 속삭이고
바람 소리 자장가 삼아
은하수 건너 달나라도 갔었지요

첫눈이 내리는 날
난롯가에 앉아 눈 꽃송이 바라보며
빨갛게 익어간 산수유 열매 동동 띄어
못다 한 밀어를 속삭일 거에요

아무도 모른답니다
소녀가 짝사랑에 빠진 것을
소녀의 비밀은
바람만이 알고 있답니다.

제목 : 비밀
시낭송 : 박영애
스마트폰으로 QR 코드를 스캔하면
시낭송을 감상할 수 있습니다

걸음마

화려한 선상에서
꿀 먹은 벙어리가 되어보고 나서야
우물 안 개구리였다는 걸 알았다

어디든지 사람 사는 곳이니
손짓발짓만 해도 소통이 될 거라는
반신반의함은 착각이었다

벙어리가 웬 말인가?
우물 안 개구리는 더욱더 싫어
남몰래 걸음마를 시작했다

낮에는 밥벌이하고
밤에는 회화 펜과
굳어버린 혀를 굴리느라 진땀만 흘리지만

강보에 싸여있던 아이가
돌잔치 해 먹으면 뛰어다니듯
때가 되면 어눌한 언어도 유창해지리라 믿는다.

꽃잎 편지

창문 너머 날아오는
꽃잎 편지에 콩 콩 뛰는 가슴
꽃비가 내리는 아침이 좋다

코스모스 살랑이는 꽃길에서
숨바꼭질하던
그대 모습이 창문에 서성인다

운무 타고 날아든 꽃잎 편지
꽃바람이 전해 준 꽃잎 편지 한 통
오늘도 나를 웃게 한다.

나의 아픈 손가락

첫 돌쟁이 내 새끼
젖 대신 손가락만 빨아
엄지손가락은 뱀 두상이 되었고

초등학교 입학하던 날
어미 떨어질세라 눈물로 보낸 시간을
모른 체 외면했던
어미 가슴은 다 녹아내렸었다

일등생은 아니었어도
착하고 건강하게 탈 없이
잘 자라주어 고맙기만 하구나

어미에게 응석 한번 못 부리고
둥지를 떠난 내 새끼
나의 아픈 손가락

이젠 너의 둥지를 틀었으니
크게 소리 내 울어도 보고
호탕하게 맘껏 웃어도 보고
너의 사랑과 행복
꼭 잡길 어미는 날마다 기도한다.

제목 : 나의 아픈 손가락
시낭송 : 조한직
스마트폰으로 QR 코드를 스캔하면
시낭송을 감상할 수 있습니다

빈 의자

당신의 온기가
가득한 곳에
빈 의자만 빙빙 빙

반평생 살다가
홀연히 떠난 자리에
당신의 향기만 나풀거려요

정만 두고 떠난 자리에
고인 눈물이
빈 의자를 빙빙 돌리면

허공에 맴돌던
당신의 그림자는
빈 의자에 살포시 앉습니다.

제목 : 빈 의자
스마트폰으로 QR 코드를 스캔하면
시노래를 감상할 수 있습니다

파트너

전성기를 누리던 두 사람
십 년 만에 파트너가 되었다

새봄에 만 가지 꽃을 피우듯
서로의 감각을 교류하여
곱디곱게 차려낸 밥상에 만발한 웃음꽃

봄바람에 실려 담장을 넘으면
행복 꽃향기는 입가에 가득하다

너와 나는 찰떡궁합
천직의 대미에 서서
오감의 향기를 방방곡곡에 날린다.

제목 : 파트너
시낭송 : 박영애
스마트폰으로 QR 코드를 스캔하면
시낭송을 감상할 수 있습니다

나눔의 행복

일 년 내내 솥뚜껑과 씨름하다가
한숨 돌리나 했더니
챙겨야 할 식솔이 생겼다

겨울잠 들기 전에
무법 행위를 한 뱀 쫓으려고
새끼 고양이 네 마리 이사 왔다.

눈 내리고 찬 바람 부니까
기침 소리만 나면 쪼르르 달려와
문 앞을 지키고 있다

주중에는 끼니때면 챙겨 주는데
주말이 되면 이것저것 챙겨 놓지만

저 녀석들이 잘 배분해서 먹을까?
먹을 만큼 챙겨두고
퇴근하는 길이 행복으로 가득하다.

별을 훔친 사연

산골 소녀는
날마다 제일 반짝이는 별이 되고 싶었지

어둠이 짙어갈수록
더 빛나는 별
난 그 별을 갖고 싶었다

꿈은 한없이 광대(廣大)했는데
풀잎 끝에 달린 이슬보다
더 먼저 떨어지면 어쩌나 하는 조바심에
안타까운 날들이었지

별을 따는 꿈을 깨고
별을 훔치기로 했다

하늘에 뜬 별 말고
내가 별이 되는 거야
수단과 방법 가리지 말고 별이 되어보자

정직하고 진정한 삶을 살아
별을 따면 된다고 생각하고
내 몸이 부서지는 줄 모르고 달려왔더니
저 별과 동등하게 빛을 내는 별이 되었다.

제목 : 별을 훔친 사연
시낭송 : 조한직
스마트폰으로 QR 코드를 스캔하면
시낭송을 감상할 수 있습니다

제비꽃

한적한 골목길 토담 밑에
앙증스럽게 졸고 있는 제비꽃
이제나저제나 햇살 내려앉기를 기다린다

봄바람이 살랑살랑 콧등을 간지럽혀도
단잠을 자고 있는지 꿈쩍 않는다

파란 하늘 구름 타고
유영하던 햇살이 살며시 내려앉아
아가 닮은 제비꽃을 폭 감싼다

아무리 꼬드겨도 미동 없던 제비꽃
햇살이 묘약인가 보다

꽃잎을 나풀거리니 벌들은 연주하고
나비들이 춤추는 무도회가 열렸다.

제목 : 제비꽃
시낭송 : 박영애
스마트폰으로 QR 코드를 스캔하면
시낭송을 감상할 수 있습니다

봄 아씨

제목 : 봄 아씨
시낭송 : 박영애
스마트폰으로 QR 코드를 스캔하면
시낭송을 감상할 수 있습니다

문풍지 붙여 놓은 듯 꽁꽁 얼어붙어
숨골조차 막혔던 연못가에
봄 아씨 살랑살랑 춤추고
구름 쫓아낸 햇살이 길게 눕는다

귀퉁이부터 살살 녹아
수정처럼 반짝이는 살얼음이
봄날에 뽀얀 속살 드러내고
유혹하는 그미처럼 어찌나 곱고 살가운지

긴 긴 겨울 진구렁 속에서
옴짝달싹 못 한 고통의 시간은
봄 아씨의 달콤한 입맞춤에
봄 눈 녹아내리듯 사르르 풀리고

엄마 젖줄 물고 있다가
하늘이 노랗게 변하는 산고 끝에
맛보는 환희의 만남처럼
자연수의 양분으로 견뎌온 긴긴날에
꽃피고 노래하는 새봄이 왔다

살랑살랑 봄 아씨 춤사위에
겨울잠 자던 수초들이 한들거리고
뻐끔뻐끔 노래하는 금붕어들은
겹겹이 피어나는 꽃담에 벌 나비 불러들인다

* 봄 아씨 : 새봄을 비유적으로 이르는 말
* 그미 : 주로 소설에서 "그녀를" 멋스럽게 이르는 말
* 꽃담(순우리말) : 아름다운 무늬를 놓은 담.
　　　　　　　　흔히 궁궐이나 상류 가정의 샛문 주위에서 볼 수 있다.
* 숨골 : 숨구멍의 방언(경상)

옹이

아주 오랜만에
침실에 든 햇살을 보았다

긴 터널에서 방황하고
미로를 탐색하며
자신이 쓴 굴레 벗어내는 법을 찾는다

어제를 지우고
오늘을 시작점으로
내일의 행복을 채색하는 시간

사랑의 기쁨도
이별의 슬픔도
내 삶의 옹이였다는 사실을 알았고

스스로 다시 태어나면
상처는 아물고
마디마디 박힌 옹이에도
꽃이 핀다는 진리를 찾았다.

제목 : 옹이
스마트폰으로 QR 코드를 스캔하면
시노래를 감상할 수 있습니다

꽃잠

지아비 지어미로
인연 맺어 꽃잠 자고
댕기 머리 풀어
백년가약을 했지

올망졸망 피어난 꽃망울
시들어질세라 노심초사하고
고쟁이 질끈 동여맨 세월에
해 지는 줄 몰랐다

서산중턱에 한시름 걸어놓고
이렁저렁 세월을 읊으려니

하얀 햇살에 반득이는 것은
이마에 파인 밭고랑이요
서리꽃 닮은 서리 밭이더라.

제목 : 꽃잠
시낭송 : 박영애
스마트폰으로 QR 코드를 스캔하면
시낭송을 감상할 수 있습니다

* 꽃잠 : 신혼초야의 순우리말

제2부

또, 하나의 별을 따다

엄마의 함박웃음

며칠 동안 내리는 작달비가 얄밉다
퍼붓는 빗소리에 노루잠으로 지새운 밤
달장 만에 가는 길이 걱정이다

오지마라, 오지마!
밤새 달구비가 무섭게 내렸다
이제 그만 웃날이 들면 좋을 텐데
조금씩 작아지는 말끝에는 아쉬움만 가득하다

애타는 마음으로 하늘만 쳐다보니
서머한 마음이 들었을까
빗줄기 밀어낸 안개 틈새로
피어나는 햇살이 엄마의 함박웃음처럼 곱다

애쓰며 빗길 달려올까 봐
먼발치만 바라볼 엄마 생각에
햇살 좇아 달려간 길
얼싸둥둥 신바람에 하늘도 활짝 웃는다

* 달장 : 한 달
* 노루잠 : 깊이 잠들지 못하고
　　　　　　자주 깨는 잠
* 웃날 : 흐렸을 때의 날씨
* 2025년 우리말 시 짓기
　　　　　공모전 동상 작품

제목 : 엄마의 함박웃음
시낭송 : 박영애
스마트폰으로 QR 코드를 스캔하면
시낭송을 감상할 수 있습니다

꽃길

꽃길이 그리웠어요.
핑크빛 사랑이 피는 길

햇살이 비치면
은구슬 목에 걸고
달빛이 비치면
별을 따는 꿈을 꾸었죠

돌아보는 길목마다
살랑살랑 꽃바람 불면
벌 나비 춤추는 길

그 길로 걸어갈래요
사랑 찾아 행복을 찾아
꽃길로 걸어갈래요.

제목 : 꽃길
스마트폰으로 QR 코드를 스캔하면
시노래를 감상할 수 있습니다

또, 하나의 별을 따다

외길 인생 돌아보는 길목마다
눈물샘 마를 날 없었고
다른 길은 생각조차 할 수 없었던 순간들

오로지 역경을 견뎌야 했던 지난날
걸핏하면 눈물받이가 되어
멍하니 허공만 바라보며
한탄하던 때가 엊그제 같은데

넋두리할 곳 없을 때면
애꿎은 솥단지에 속을 털어 채우고
시뻘건 불길로 증발시켰더니
순간순간이 별이 되어 가슴에 안긴다

한 계단, 두 계단
터벅터벅 올라 별을 땄다
이제 소임을 마치고
꽃길로 가는 차표 한 장 쥐었다

황혼으로 가는 길목에서
군주의 큰 별이 기다리고 있다
또, 하나의 별을 가슴에 달고
자유 찾아가는 길에 콧노래 절로 난다.

제목 : 또, 하나의 별을 따다
시낭송 : 박영애
스마트폰으로 QR 코드를 스캔하면
시낭송을 감상할 수 있습니다

일탈

세 번째 스무 살을 보내고
한 살을 맞는 생일
이날까지 살아오기를 참 그랬다

나를 사랑하지 못한 지난날이
얼기설기 얽힌 칡넝쿨 같고
거미줄에 걸려 발버둥 치는 벌 나비처럼
애잔했던 시간이 파노라마처럼 스친다

밤새 내려준 비에 씻기어
하나하나 실타래 풀리듯 풀려
답답했던 체증이 뚫려 아주 시원하다

앞산 허리춤을 에워싸던 운무는
아장아장 내려와
모닝커피 한잔하자며 마주 앉은 아침

설렘으로 네 시간을 달려와
지붕을 두드리는 빗소리에 취해
세 번째 스무 살 생일을 보내는 밤
일탈의 밤은 잊지 못할 추억이다.

제목 : 일탈
시낭송 : 박영애
스마트폰으로 QR 코드를 스캔하면
시낭송을 감상할 수 있습니다

새벽이 오는 길목

새벽 세 시가 넘었을까?
갈바람이 창문을 넘어와
팔베개하고 눕는다

산들산들 창문을 넘어선
상큼한 가을 향기를
들숨과 날숨으로 음미하는 시간

눈을 감은 채
풀벌레의 리듬에 맞추어
흥얼흥얼 흥얼거리며

새벽이 오는 길목에
오선지 그려놓고
가을 노래를 걸어 놓는다.

민들레꽃

척박한 땅 마다하지 않고
긴 긴 겨울의 쓰라림을
노란 미소로 씻어낸 꽃

뭉게 꽃구름이 하늘을 가려
햇살과 이별한 날도
웃음을 잃지 않았다

꽃잎 떨어낸 알몸으로
하얀 드레스 나풀거리며
살랑살랑 유혹한들 무죄건만

속 검은 노총각 속내만큼
엉큼하고 심술궂은 봄바람은
무엇을 더 보겠다고 이리도 불까?

불어라, 봄바람아
세상만사에 거칠 것 없는 생인 것을
홀씨 되어 훨훨 날아가
메마른 땅에 희망 꽃으로 피어나리라.

빨간 입술

푸른 잎새에
붉은 꽃잎이
가시를 삼켜 물들인
빨간 입술로
사랑의 향기를 뿌린다.

하얀 제비꽃

하얀 꽃들의 가녀린 몸짓은 마치
작은 나비들이 춤을 추는 것 같아
발길을 뗄 수가 없다

바람이 불어올 때마다
코끝에 전해오는 향기는
눈 오는 날 마시는 차처럼 향긋하다

햇살 가득한 꽃밭에 앉아
나비 닮은 꽃잎과 입맞춤하며
행복을 나누는 시간이다

첫사랑을 만난 설렘으로
가슴 깊이 다가온 그 꽃의 이름은
하얀 제비꽃이었다.

택배

복숭아가 익어 갈 때면
먼 나라에 계신 아버지가 생각난다

울안에 복숭아나무 한 그루
눈으로만 바라보시다가
환갑이 되기 전에 먼 길을 떠나셨다

발갛게 익어가는 복숭아 보며
하루해를 보내곤 했는데
철부지 자식들 쥐눈 감추듯 따 먹으면
역정 대신 헛기침만 하셨다

보름달처럼 탐스러운 복숭아를 보면
아버지 기침 소리가 들린다
그곳에도 택배를 보낼 수 있으면 좋겠다.

굴레

칡넝쿨처럼 엉키듯 엉켜
이파리만 무성해
겉보기만 푸르렀습니다

몰라서 살아온 길
억만금을 준다고 해도
지금 가라 하시면 다시는 못 갑니다

빛 좋은 개살구처럼
속은 곪아 터져 먹잘 것 없어
입맛만 다시던 삶이었습니다

몰라서 뒤집어쓴 굴레
한번 엉켰는데 두 번은 안 엉키겠는가
금은보화로 주단을 깔아준다고 해도
싫어요, 이제는 못 갑니다

꿈에서도 벗어내지 못하고
악몽으로 지새우는 길
아파도 아파도 너무 아파서
그 길이 비단(緋緞)옷에 꽃길일지언정
두 번 다시 갈 수가 없습니다.

제목 : 굴레
시낭송 : 임숙희
스마트폰으로 QR 코드를 스캔하면
시낭송을 감상할 수 있습니다

붓

일몰이
울며 누운 밤
잠에서 깬
개구리 목을 푼다

구슬픈 가락에
멍때리다
사색하던 글쟁이는
붓을 세웠다.

* 2022년 짧은 시 짓기 은상 작품

김치 수제비

모처럼 떠난 여행길에
때아닌 장맛비가 내린다

양철 지붕을 흔드는 빗소리에
어릴 적 고향 안마당에 멍석 깔고
신김치 넣어 끓여 먹던
김치 수제비가 아른거린다

끼니가 되면 부뚜막에 앉아
꾸역꾸역 내뱉는 연기에
눈물 콧물 섞어 만들어 준
엄마의 수제비를 먹고 싶은 밤이다

시원스럽게 내리는 빗줄기에
아득했던 고향의 추억은 어느새
이부자리에 누워 소곤거리고
무거운 눈꺼풀은 스르륵 감긴다.

제목 : 김치 수제비
시낭송 : 박영애
스마트폰으로 QR 코드를 스캔하면
시낭송을 감상할 수 있습니다

가을 엽서

여명도 곤히 자는 시간
나지막이
가을 노래 읊는 소리 들려온다

뒤척이다가 단잠에 든
새근거림이 신경이 쓰였을까
아주 가끔 귓불을 간지럽힌다

미동도 없이 귀를 기울였다
가을 향기가 어둠을 밀어내고
합창단을 지휘한다

나무초리를 넘나드는 바람 소리에 맞추어
참새가 짹짹 짹짹, 까치는 깍깍
풀벌레들의 화음에 못 이긴 듯
운무 사이로 햇살이 살포시 걸어 나온다

커튼을 걷어낸 창가에는
오색 찬란한 가을만큼이나
형형색색 고운 엽서가 주렁주렁 달려있다.

제목 : 가을 엽서
시낭송 : 최명자
스마트폰으로 QR 코드를 스캔하면
시낭송을 감상할 수 있습니다

내리사랑

나지막한 불경에
합장하고 머리 조아린다
굽은 허리에 찔뚝거리며 촛불 밝히고
삼배하는 모습이 눈물겹다

꼬깃꼬깃한 쌈짓돈 곱게 펴 불전으로 바치고
망가진 몸 바닥에 낮추어
주름진 볼우물을 눈물로 채우며
자식 손자들 안위를 빈다

가녀린 불꽃임에도 불구하고
심지를 태우고 넘치는 촛농은
한 살매 내리사랑이 쌓은 공든 탑 같아
뭉클해진 내심은 이슬 되어 흐른다

* 불전 : 부처 앞에 바치는 돈
* 한 살매 : (순우리말) 목숨이 다할 때까지의 동안, 평생의 동안, 평생

제목 : 내리사랑
시낭송 : 박영애
스마트폰으로 QR 코드를 스캔하면
시낭송을 감상할 수 있습니다

소녀의 꿈

제목 : 소녀의 꿈
시낭송 : 최명자
스마트폰으로 QR 코드를 스캔하면
시낭송을 감상할 수 있습니다

이른 결혼에
소녀 시절을 망각하고 살다 보니
사시사철 피고 지는 꽃의 향기도 외면했다

삶이 버거워서
주저앉고 싶을 때도 많았지만
마음만은 늘 풋사과처럼 풋풋했다

특출나게 미인은 아니어도
나름 소담스러운 데가 있어
복덩이라는 예명으로 사랑받았다

지나온 세월 긴 터널을 들여다보면
우여곡절이 참 많았지만
희로애락은 시를 짓는 씨앗이 되어
이 순간을 웃게 해주는 밑거름이 되었다

붉은빛 노을이 서산 중턱을 넘실거릴 무렵
타이타닉의 주인공을 꿈꾸며 크루즈에 오르는 날
핑크빛 드레스 자락 휘날리며
삶의 아픈 흔적 태평양 바다에 풀어내고
꿈에 그리던 소녀 시절로 돌아가리라.

돌다리

지레 겁먹고 주눅 들면
마냥 그 자리

뛸까 말까
주춤거린 돌다리도

냅다 뛰어 돌아보면
파란 하늘만 누워 있다

* 2023년 짧은 시 짓기 동상 작품

그리움만 쌓이네

제목 : 그리움만 쌓이네
시낭송 : 박영애
스마트폰으로 QR 코드를 스캔하면
시낭송을 감상할 수 있습니다

당신을 떠나보내고
텅 빈 가슴엔 온통
당신과 함께했던 순간순간이
하얀 눈처럼 소복이 쌓였습니다

당신 향한 그리움은 짙어만 가고
화려한 춤을 추는 눈꽃들이
당신의 웃음이 쏟아지는 것 같아
두 손 모아 잡아보지만 내내 빈 손바닥

마냥 웃어주던 당신의 미소가
하얀 꽃송이 되어 소복이 쌓이는 날
그리움에 철퍼덕 주저앉아
당신 닮은 눈사람 만들어 봅니다

삐뚤빼뚤 눈썹 그리고
주먹코에 코털 붙여 못난이 눈사람
심술을 잔뜩 부려보지만
그리움은 더 쌓여만 갑니다

아주 멀리서 당신의 웃음소리가
바람결에 굴러옵니다
당신을 향한 그리움은 함박눈처럼
밤새 쌓일 것 같은데
당신 계신 곳에도 함박눈이 오나요?

밀주 密酒

노란 좁쌀밥 누룩에 버무려
술 단지에 담아 놓고 보니
끼니때면 반주를 즐기시던
아버지 생각이 납니다

이순이 안 된 연세에
하얀 베적삼 한 벌 입고
영영 돌아오지 못할 길 떠나
별이 된 지 어언 사십 년입니다

먹고살기 바쁘다는 핑계로
두루두루 살피지 못한 송구함에
눈시울이 젖습니다

지금쯤 아버지가 계신 뒷동산은
영산홍 꽃동산 이루어
아버지 마음처럼 따뜻하겠지요

맛깔스럽게 밀주가 익는 날
밀주 한 사발 올리면
너털웃음 지을 아버지 생각에
눈물이 앞을 가립니다.

제목 : 밀주
시낭송 : 박영애
스마트폰으로 QR 코드를 스캔하면
시낭송을 감상할 수 있습니다

너의 길이야

달콤한 이슬 한 모금
맛보지 못한 여린 꽃잎
잡초가 되었어요

하지만, 환승역에서
돌아보는 발자국엔
행복의 꽃씨가 움텄고

가슴에 품고 있던
꽃길이 만들어졌어요

힘차게 걸어가요
웃으면서 걸어가요
네가 가꾼 꽃길이니까
네가 바라던 꽃길로.

나팔꽃 인생

너도 나처럼
쌓인 그리움 남몰래 삭히느라
밤에 울고 있니

훌쩍이는 소리에
선잠으로 지새운 밤
기척이 없어 귀를 쫑긋 세웠다

아 정말 숨어서 울었구나
아침이면 뚝 하고
울음을 그치는 걸 보니

아침에 피었다가
저녁에 지는 나팔꽃처럼
남몰래 울다가 햇살에 피어나는
너와 나는 나팔꽃 인생.

한잔해

활활 타오르는 숯불에
삼겹살 올려놓고
안주가 익기도 전에
술잔을 높이 들어 짠 짠 짠

수고했다고 한 잔
고맙다고 한 잔
건강하자고 한 잔

분위기에 취해
한잔이 두 잔 되고
한 병이 두 병 될 때
숯불보다 더 빨개진 얼굴들

그때는 참 좋아서
후일의 고통을 망각하고
한 잔의 유혹을 떨쳐내지 못한
나는 바보였나 봅니다.

제목 : 한잔해
스마트폰으로 QR 코드를 스캔하면
시노래를 감상할 수 있습니다

맞바람 불어 좋은 날

연홍빛 노을이
발걸음을 재촉하는 시간

맞바람이 가끔 드나들며
발길을 떼지 못하는 여름날을
꼬드기고 있다.

쪽문에 걸친 해그림자
살그머니 문지방을 넘어서고
해넘이에 가을향기 가득하다

맞바람 불어 좋은 날
아직 미련이 남았다고 앙알거리며
여름이 자리를 비켜주는 날이다.

휴연정 연가

어둠이 연초록을
짙게 물들이는 시간
나뭇잎 사이로
톡톡 떨어지는 빗방울

아! 이 맛을 느껴본 게
꽤 오래되었지
떨어지는 빗방울만큼 행복이 쌓인다

새소리, 바람 소리
때마침 비까지 내려
작은 집 테라스에 앉아
나는 누구였나 물어보는 시간

오늘 밤은
작달비가 주룩주룩 내려
구질구질했던 일 모두 씻겨내고

내일 아침 눈을 뜨면
시냇물에 발 담그고
향긋한 차 한잔하고 싶다.

* 휴연정 : 지인의 쉼터

넋 놓고 물 구경

봄 햇살이
꼬드기는 저녁나절

벽천 호수에
홀로 앉아
지그시 호수에 잠긴다

같은 하늘
먼 곳에 있는
임 생각뿐인 시간

눈을 뜨면
잡힐 듯 잡히지 않는
그리움만 주룩주룩 내리고

주홍빛 노을이
호수에 잠기는 순간
까닭 모를 그리움에
볼우물은 이슬로 채워진다.

* 벽천 호수: 인공 폭포수가 흘러 만들어진 근무지에 있는 작은 호수

호박소 (얼음골 계곡)

초록을 가르는 물소리
은빛 물거품이 간지럽히는 발등을
엄마의 눈으로 바라본다.

하얀 발등 위로
빙빙 도는 작은 물고기의 입질에
화들짝 물장구치는 모습은
영락없는 세 살 개구쟁이

얼음골 계곡에 발 담그고
호박소 폭포수에
온몸을 적시고 싶은 심정

눈치코치 보지 말고
물속에 눕고 싶은 마음을 어찌 달래볼까.

비타민

초가을 산들바람에
알알이 익어가는 가을 들녘
수줍어 고깔 쓰고 숨어 자란 복숭아

함박웃음은커녕 몸살을 앓는다
어쩌나, 어쩌면 좋아
너무 뜨거워서 견딜 수 없단다

비타민도 정도껏 받아야지
목이 말라 온몸이 비틀어지고
발그레 수줍던 미소
과다 섭취한 비타민에 눈물만 흘린다

한가위 축제 때 화사한 얼굴로
당당하게 왕좌에 올라야 하는데
검버섯이 생겨 탈락할지 걱정이다.

오색 엽서

한적한 오솔길에
새털구름이 기웃거리고
갈나무는 알몸이 되어간다

바람이 불어올 때마다
사각사각, 후루룩 후룩
야릇한 음률이 발목을 잡고

다홍 잎새 흩날리는 만큼
옛 추억에 사색 되어
그리움만 쌓이는 길

차마 전하지 못한 마음
알콩달콩 사랑담아
오색 엽서에 곱게 띄운다.

돌아갈 수 없는 길

첫눈이 오면 첫사랑이 생각난다더니
그리웠던 임의 소식 있으려나
창밖에선 하얀 꽃송이가 나풀거립니다

이렇게 콩닥콩닥하는 것을 보면
아직도 마음만은 낭랑 18세
꽃순이로 착각 중인가 봅니다.

거울 속에 마주 앉은 낯선 여인은
어설프게 주름골이 생겨난 얼굴을 쓰다듬으며
부질없는 회한만 앞세웁니다

옷을 벗어내기 무섭게
쫓겨가는 늦가을의 낙엽처럼
고운 시절 세월에 묻어두고
청춘을 망각하며 살아온 것이 못내 아쉽기만 합니다

서산마루에 쉬어가는 햇살 바라보며
애 띤 모습의 시절이 그립다고 칭얼댄들
다시 돌아갈 수 없는 길이니 안타까울 뿐입니다.

제목 : 돌아갈 수 없는 길
시낭송 : 박영애
스마트폰으로 QR 코드를 스캔하면
시낭송을 감상할 수 있습니다

오! 필승 코리아

4년마다 열리는 전 세계 축제에
눈물, 콧물 쏟아내며
오! 필승 코리아, 소리소리 지르며
삼 삼 칠 손뼉에 소맥 한잔

평생 속앓이에
큰소리 한번 뻥뻥 친 적 없는데
오늘은 윗집, 아랫집 모두가 한마음
오! 필승 코리아.

위기에 강했던 선조들의 정신을
고스란히 이어받은
정말 장하고 대견스러운 아들들
여명이 동녘에 피어오르면
이 벅찬 여운은 방방곡곡에 퍼질 겁니다.

돌아보니, 꽃길

꽃길만 걷고 싶었고
꽃처럼 사랑받고 싶었습니다

하나, 간절함뿐이었지요
세상만사가 뜻대로 안 되니
울기도 하고 웃기도 하며 걸어온 길

뒤돌아보니
꽃처럼 고운 날도 있었고
꽃길처럼 아름다운 길도 있었습니다

가시밭길에도 꽃은 피고 진다는 걸
서녘 하늘에 걸린
영롱한 빛을 보고서야 알았습니다

에움길을 걸어와 보니
인내하며 살아온 날들이
진정 꽃길이었습니다.

졌다, 졌어

꼭꼭 숨어서
나름 잘 피했다

언제 어디서
기습당할지 몰라서

용광로에서 내뿜은 듯한 열기에도
하얀 이 드러낼 수 없었다.

아!
다리가 아프고 목이 아프다
미생물에 목이 졸려 자리보전했다

보이지 않는 너를 이겨보겠다고
요리조리 피했지만

졌다, 졌어
결국 너를 내 속에 품고 말았다.

자리끼

고사리손으로
사뿐사뿐
컵을 들고 들어서며
"할머니 밤에 기침해서요"

참!
눈물이 납디다
나도 못 해본 일인데
자리끼를 받다니.

제3부

별을 따다

짝사랑

그대는 몰라
내 사랑을 몰라
그대의 눈빛에 반해버린 걸

산들바람 불어오면
그대의 웃음소리 귓가에 맴돌고
소낙비 내리면 그리움만 가득해

그대는 몰라
내 사랑을 몰라
그대 앞에 서면 바보가 되는 것을

좋아 한다 말 못 해
사랑 한다 말 못 해
도망갈까 두려워, 멀어질까 무서워
그저 바라만 보는 내 사랑

그대는 몰라, 정말로 몰라
말 못하는 내 마음을
해바라기꽃 내 사랑을
그대는 나의 짝사랑이에요.

제목 : 짝사랑
스마트폰으로 QR 코드를 스캔하면
시노래를 감상할 수 있습니다

별을 따다

한길 외길 인생
돌고 돌아 강산을 세 바퀴 돌았다
밤하늘 별들 바라보며
쓸어내린 가슴은 얼마던가

우물을 파도 한 우물을 파라는 말
그래야 샘이 솟는다는 속담처럼
천직이라 여기고 솥뚜껑에
정성으로 기름칠을 했더니 별이 쏟아진다

인내하며 지낸 날들이 별이 되었다
외길 인생 종착역에서 울리는 기적소리는
묵은 체증을 뚫어주는 팡파르

묵묵히 타고 온 열차에서 내릴 즈음엔
늘 그 자리에서 빛나는 북두칠성처럼
작은 별들을 지켜주는 큰 별이 되고 싶다
이제 황혼 역 환승 시간이 가까워진다.

제목 : 별을 따다
시낭송 : 박영애
스마트폰으로 QR 코드를 스캔하면
시낭송을 감상할 수 있습니다

울 엄마의 치부책

제목 : 울 엄마의 치부책
시낭송 : 박영애
스마트폰으로 QR 코드를 스캔하면
시낭송을 감상할 수 있습니다

한글도 깨치지 못한
눈뜬장님으로 한평생을 살아오신 울 엄마
아라비아 숫자 역시 제대로 나열하지 못했지만
보따리장수 다니면서 터득한 당신만의 주먹구구 계산법이
화투판에서 총기 왕성한 똑순이 할머니랍니다

당신의 치부책은
연말이면 농협은행에서 받아오는 달력
커다란 아라비아 숫자 아래
음력이 적힌 달력이어야만 합니다

한글을 쓸 수 없는 무학의 서러움을
동그라미에 풀어내신 울 엄마
당신만의 표기법으로 꼭 빠트리지 않는 것은
백수를 바라보는 나이에도 다섯 남매의 생일 날짜에
연필에 침 발라 굵게 동그라미를 그려 놓습니다

짊어졌던 짐이 조선 반만큼이나 했을 세월은
까마득하게 훌훌 벗어내신 듯
막내딸이 떨어뜨리지 않는
고소한 두유 한 모금으로 입 다시고
보조차 의지하여 화투 치러 갑니다

오늘도 울 엄마의 치부책에는
당신만의 암호화된 숫자가 그려지겠지요
최고의 효자라는 기초 노령 연금과 다섯 남매의 용돈
화투판에서 낸 수입과 지출이
울 엄마의 방식대로 오묘하게 기록될 것입니다.

청풍호 가는 길

몽우가 내리는 아침
옹알이하던
하얀 입술이 활짝 웃는다

산새에 피어난 운무는
곡선을 넘나들며
청풍호에 살포시 내려앉는다

달리는 차 창 너머로
하얀 꽃비가 내리는 여행길
옛 추억이 그리움으로 가득해
유리창에 동그라미만 그려본다.

툭 툭 털어 버려!

이제는 모든 것을 내려놓자
이제는 후회도 하지 말자

그동안 거침없이 달려온
지난날에 머물지 말고,
오롯이 나 자신을 사랑하는
삶을 가꾸어 보자

고민도 후회도 하지 말고
툭 툭 털어버리자

내려놓아야
새로운 시작을 할 수 있으니까
두 주먹 풀고 빈 손바닥에
새 그림을 그려보는 것도 괜찮아.

* 정년 퇴임 시

제목 : 툭 툭 털어 버려
시낭송 : 박영애
스마트폰으로 QR 코드를 스캔하면
시낭송을 감상할 수 있습니다

꽃다지

척박한 대지에
가시덤불 덮고

방긋방긋 웃는
너의 이름은
바로 꽃다지였어.

어머니의 속울음

제목 : 어머니의 속울음
시낭송 : 박영애
스마트폰으로 QR 코드를 스캔하면
시낭송을 감상할 수 있습니다

헤어진 지 강산이 한 바퀴 돌도록
주일마다 목소리로 안부만 주고받던 모자 상봉

심 봉사가 심청이 만나 눈 떴을 때보다 더
가슴이 미어지는 노모의 속울음에
엄동설한 얼어붙은 임진강도 울고 있다

눈먼 자식은
백수를 바라보는 노모의 손을 더듬거리며
"엄마 왜 이렇게 말랐어, 뼈만 남았네"

참았던 속울음을 꺼이꺼이 토해내며
눈먼 아들을 끌어안고
"이 일을 어떡하느냐, 보고 싶은 사람 못 보니
답답해서 어떡하느냐?"

기가 차올라 노모의 다리가 풀려 주저앉아도
선뜻 일으켜 세우지 못하는 심정
자식 또한 속울음을 울 수밖에

심 봉사는 그리워하던 딸을 만나 눈을 떴건만
너를 만나러 어미가 왔는데
너는 왜 두 눈 번쩍 뜨지 못하냐며
토해내는 속울음에 바람도 숨죽였다

꼬깃꼬깃한 쌈짓돈 쥐여주며
"입에 맞는 것 사 먹어라
언제 또 오겠느냐, 이제 마지막이지"
모자의 절절한 만남은 요양원을 눈물바다로 만들었다.

애상 愛想

구름이
목욕하는 소리는
풀 섶에 이슬로 맺히고

베갯머리 적신 그리움은
겨울비 되어
창문을 두드리네.

새벽 비

꿈속을
헤매다가 깨어보니
펑펑 울고 있다

미동도 없이
두 귀를 쫑긋 세웠다
웬걸!
새싹들의 물먹는 소리였네.

지구가 아파요

아무렴
하늘의 뜻은 아닐 거야
온난화로 변해가는 세상을
하늘이 바라는 일은 아니라는 걸 알아

한 치 코앞을 못 본
무지한 인간들의 과다 남용으로
하늘이 노하고 지구가 몸살을 앓아
시도 때도 없이 열을 토해내고 있는 거야

아무렴
더는 후회하는 일 만들면 안 돼

지금부터라도 에너지 절약하여
자연을 아끼고 사랑하면
하늘도 아픈 지구를 지켜줄 거야.

엄마의 향기

연고 하나 없는 낯선 땅 밟고
사막에서 물 한 모금 찾듯이
정 붙일 곳 찾아 헤맨 세월

여러 해 꽃 피고 지는 동안
아담한 보금자리 마련해
고향 못지않은 삶을 살아가고 있다

피붙이에 대한 그리움의 잔상은
점점 아련해지고
뜸해지는 발걸음에 아득해지는 향수

엄마의 젖 냄새가 그리워 찾는 곳
그 향기마저 사라지면
가슴에 묻어야 할 내 고향.

제목 : 엄마의 향기
시낭송 : 박영애
스마트폰으로 QR 코드를 스캔하면
시노래와 시낭송을 감상할 수 있습니다

너를 사랑하는 이유

창살 없는 감옥살이에 지쳐 있을 때
우연히 너를 만나
망각했던 자아를 찾게 되었다

왜 살아야 했는지
여기까지 어떻게 살아왔는지
앞으로 어떤 삶을 살아야 하는지도 알게 되었다

너를 만난 후에
바람이 불러주는 노래 들으며
무심히 스쳤던 꽃마리와 열애에 빠졌다

봄여름 가을 겨울 자연과 벗하다가
시어가 꿈틀거리는 순간 줄줄이 엮어
자식처럼 품은 그 향기를 바람에 날린다

시 곳간을 채워가는 행복과 환희는
나를 살게 하는 밑거름이 되었고
너를 사랑하는 이유가 되었다.

제목 : 너를 사랑하는 이유
시낭송 : 박영애
스마트폰으로 QR 코드를 스캔하면
시낭송을 감상할 수 있습니다

보릿고개 길

열서너 살쯤의 소녀가 부뚜막에 앉아
매콤한 연기에 눈물 콧물 흘리며
울안 터알 호박잎 훑어
거슬거슬한 보릿겨에
풋콩 콕콕 박아 보리 개떡을 만들고 있다

화전 밭을 일구시는 울 엄마
헛헛한 속을 물로 채우실까 봐
얼기설기 찢긴 광주리 머리에 이고
산릉선 구불구불한 오솔길 지나면
머릿수건 흔들며 반기던 울 엄마가 아른거린다

옛 보릿고개 길 넘어온 소녀는
배고픔의 설움이 가슴에 사무쳤기에
지금도 부뚜막을 지키며
밥 한 톨 버리지 않고 누룽지 만들어
나눔의 행복 찾아가는 안주인이 되었다.

당신과 함께라면

작고 작은 몸이지만
한결같은 목소리로 세상을 돌리면서
당신은 나의 곁에 머물렀다

몸을 배배 꼬며 칭얼거려도
역정 한 번 내지 않고 함께 해 준 친구
당신은 내 삶의 매니저다

태엽만 감아 놓으면 한결같이
변화무쌍한 날에도 한목소리로
세상과 맞서라 했기에 정상에 우뚝 섰다

살아온 시간보다 살아갈 날들이 적지만
여명보다 먼저 새벽잠을 깨워 주는
당신과 함께라면 험난한 세상살이에도
굴복하지 않고 청춘처럼 살아보고 싶다.

제목 : 당신과 함께라면
시낭송 : 박영애
스마트폰으로 QR 코드를 스캔하면
시낭송을 감상할 수 있습니다

꽃마리

참 아름답다
보일 듯 말 듯 예쁘다
색깔이 달라서 곱고
특징이 달라서 예쁜 꽃

꼭꼭 숨어 있지만
향기가 발목을 잡아
가만히 앉아 자세히 보면
너무 앙증맞아 만질 수조차 없다.

행복 찾아 나선 길

엄마의 아기집을 벗어날 때
우렁찬 모습은 잠깐이었고
삶의 속앓이가 깊어져
눈물받이가 되고서야
행복이 무엇인지 알았습니다.

피붙이 떠나 낯선 곳에 발붙이고
얼기설기 얽힌 삶 벗어내는 동안
서쪽 하늘이 발갛게 물들어 갈 즈음이면
젖 찾는 아이처럼 하늘만 바라보았습니다.

속앓이 털어낼 친구 찾아
물끄러미 별만 세다가
피붙이가 그리워
눈가에 촉촉이 이슬 고이면
휘영청 달빛은
엄마의 젖가슴처럼 포근하게 감싸주었습니다.

안다미를 이고 지고 된길 걸어왔지만
달빛에 뭇별이 춤춘다면
황혼 역에서 행복 찾아 나선 길은
가시밭길이 아닌 꽃길입니다.

* 눈물받이 : 눈물을 많이 흘리는
　　　　　　　신세의 사람.
* 안다미 : 남의 책임을 맡아 짐.
　　　　　또는 그 책임.

제목 : 행복 찾아 나선 길
시낭송 : 박영애
스마트폰으로 QR 코드를 스캔하면
시낭송을 감상할 수 있습니다

인내심

어쩜!
개구쟁이 세 살 아이처럼
말을 안 들을까?

어르고 달래며 톡 톡
힘 쭉 빼고 툭 쳐도
동그라미 주변만 맴 맴 맴

얼마큼 공들여야
머릿속 잣대에 맞추어질지
얼마나 비워야 굿 샷이 나올까?

그래 그까짓 것!
조바심 버리고 공들이면
쭉 쭉 과녁을 맞추겠지

저 멀리 동그라미에
쏙 쏙 들어가면
공들인 만큼 웃음꽃이 필 거야.

인간관계

겨우내 쌓인 하얀 눈은
봄바람이 불면
양분이 되어 꽃을 피우지만

한번 어긋난
믿음과 신뢰는 흘러간 물이
거꾸로 올라올 수 없는 것과 같다

초심에 피운 꽃향기
고이 간직하고 믿음과 신뢰로
사랑 초 피우면 좋으련만

서로의 가슴 깊은 곳에
움집 한 채씩 지어놓고
탈을 쓴 채 세월만 업고 간다.

딱 좋은 나이

그때는 왜 몰랐을까
연분홍 치마 나풀거리면
향기가 나는 것을

그때는 왜 그랬을까
쓰면 쓰다고 달면 달다고
투정도 부려볼 것을

젊은 날을 회상하니
어깨 위엔 지게뿐이고
속내는 숯덩이만 가득해요

사는 게 바빠서
돌아보지 못한 청춘
어느새 여기까지 왔을까

참 맛을 다 보고 살아온 삶
이제 와서 돌아보니
지금이 딱 좋은 나이랍니다.

제목 : 딱 좋은 나이
시낭송 : 박영애
스마트폰으로 QR 코드를 스캔하면
시노래와 시낭송을 감상할 수 있습니다

한가위 보름달

보름밤에는
실오라기 하나 걸치지 않고
오롯이 민낯으로
밤새 창가에 앉아계셨는데

눈에 넣어도
아프지 않은 강아지 재롱에
해롱해롱 취해서 그만
버선발로 반기지 못했습니다

아쉬워 너무나 아쉬워서
오늘도 오시려나
집 나간 서방 기다리듯 하늘만 멍하고 바라보니
오늘은 슬픔 가득한 모습입니다

진주처럼 반짝이던 얼굴엔
진회색 스카프만 휘휘 감고
은하수도 외면한 채 구름 속만 들락날락
달님, 어제 못 나눈 정 나누고 싶습니다

오늘도 유효한가요?

제목 : 한가위 보름달
시낭송 : 박영애
스마트폰으로 QR 코드를 스캔하면
시낭송을 감상할 수 있습니다

홀씨

걷다 보면
솜이불 제치고
길을 찾는 민들레 홀씨

실바람이 불어오면
후루룩 옷을 벗고 멀어질까 봐
까치발로 숨소리를 고른다

훨훨 떠돌다 때가 되면
척박한 대지에 희망으로
봄을 채색하겠지만

알몸으로 견뎌내다
흩어져야 하는 너의 모습이
안타깝기 그지없다.

소꿉친구야

제목 : 소꿉친구야
시낭송 : 최명자
스마트폰으로 QR 코드를 스캔하면
시낭송을 감상할 수 있습니다

그 옛날 어린 시절
고향 모습은 거물거리지만
기억은 선명하다

엄마의 품속같이 따뜻한 곳
공기만 마셔도 배부른 곳
마냥 안기어 쉬고 싶은 내 고향

향수에 젖어 한달음에 달려가 보면
왠지 딴 세상인 듯 낯설지만
아련히 떠오르는 코찔찔이 친구들

대추나무집 영숙이네 마당에서 구슬치기하고
손등이 거북이 등같이 터지도록 자치기하던
그때 소꿉친구들이 그립다

옥수수밭에선 옥수숫대 벗겨 먹고
깜부기 따 먹으며 검은 입술 보고 깔깔거리던 친구들아
살랑이는 봄바람에 팝콘이 터지듯 하얀 꽃비가 내린다

소꿉친구야 보고 싶다
고향 집 뜰 안에도 복사꽃 피고 추억들이 조잘거리겠지
우리 함께 소꿉놀이하러 가보자꾸나.

낡은 수레

제목 : 낡은 수레
시낭송 : 박영애
스마트폰으로 QR 코드를 스캔하면
시낭송을 감상할 수 있습니다

푸서리길 걸어온 반평생
풀벌레 소리 들어 보았는가
솔가지에 걸린 반달이 유일한 동무였다

딸 둘 낳고 40년
고운 꽃망울 다칠세라
하찮은 들꽃조차 외면한 채
앞만 보고 달려 온 세월

등이 휘어질 때면
아흔아홉 석지기 기와집에서
대가 집 안주인이 되어
식솔들을 호령하는 꿈도 꾸었다

석 쌈 지기 초가집 살림살이에
꼬장꼬장했던 육신은 어느새
세월 따라 구름 따라 변했다

이제 살맛 나는데, 마음은 청춘인데
앞바퀴는 마디마디 휘어지고
뒷바퀴마저 삐거덕거리는
낡은 수레가 되었단 말인가

근심 걱정 다 털어놓고
팔도 유람할까 했더니 탈이 나는가 보다
청춘을 되돌릴 수 있다면
젊은 날을 꼭 한번 멋지게 살아보고 싶다.

속정

비밀번호 없는 곳에
펼쳐진 인생 노래
자연에 풀어 놓은 속정은
나들이객의 심금을 울린다.

* 2024년 짧은 시 짓기 공모전 은상 작품

붕어빵 내 새끼

나를 똑 닮은 내 새끼
영락없는 붕어빵
어느새 훌쩍 자라
남의 집식구가 되었구나

바람 잘 날 없는
허름한 둥지에서
늘 가슴 졸이며
마음껏 울어보지 못한 너

마른 가지에 불붙을세라
밤하늘 달 속 토끼 대신
콩닥콩닥 절구질로
까만 밤을 하얗게 지새운 날들

이젠 웃어보렴
절구질은 달님에게 맡기고
어미보다 더 야무진 살림 솜씨로
알콩달콩 보금자리 꾸려보려무나.

제목 : 붕어빵 내 새끼
시낭송 : 박영애
스마트폰으로 QR 코드를 스캔하면
시낭송을 감상할 수 있습니다

문풍지 흔들리는 밤이면

발길 닿는 곳마다
추억은 소복이 쌓이는데
밀려오는 외로움을 어찌해야 하나요?

멀리서 불어오는 바람에
그대 향기가 날아오고
그대의 목소리가 들려옵니다

주홍빛 노을을 짊어진 그림자는
문풍지 틈새 비집고 들어와
모락모락 피어오르는 찻잔에 앉아
연민스럽다는 듯 온 방에 퍼집니다

진한 햇살이 누운 자리에
찬바람 소리만 들려오는 밤
서럽게 울고 있는 문풍지 소리는
이 밤 그칠 줄 모르니 어찌해야 하나요?

가을밤은 깊어가고

암솔 가지 끝에
활활 타는 노을 한 자락
서녘 하늘을 뒤덮는다

선홍빛 햇덩이 좇아가노라면
어스름한 처마 끝에
말간 빛 연등 하나 달려 있네

자지러지게 울어대던
매미 소리 멀어지고
어딘지 모를 담벼락에서
귀뚜라미 힘없이 울고 있는 밤

구름 속을 들락이던 연등은
주홍빛을 흐리며 멀리 숨었거늘
겨울 문턱을 넘어야 하는 아쉬움인가
상금(尙今) 소쩍새도 울고 있구나.

* 상금: 지금까지, 또는 아직 *

제목 : 가을밤은 깊어가고
시낭송 : 박영애
스마트폰으로 QR 코드를 스캔하면
시낭송을 감상할 수 있습니다

봄이 오는 길목

사부작사부작 내려와
설렘을 준다
늦잠 자는 초록이 콧등을 간지럽히며
어서 일어나라 앙탈이다

은빛 윤슬로 보슬보슬 내려와
대지의 목마름을 달래준다
기력이 쇠약해져
기지개도 못 켤까 걱정인게다

여명이 밝아온다
은빛 윤슬은 하얀 눈꽃 송이 되어
봄이 오는 길목에 앉아
미련 탓일까, 눈물만 흘린다

봄이 오는 길목에서
한 발은 들여놓고 또 한발은 내놓고
갈까 말까 망설이는 겨울이 애잔하다.

제목 : 봄이 오는 길목
시낭송 : 박영애
스마트폰으로 QR 코드를 스캔하면
시낭송을 감상할 수 있습니다

인생길

굽이굽이 돌아온 길
눈물 강을 건너면
또 눈물 강

세월에 속고 속아서
재를 넘어서니
할미꽃이 쉬어가라 하네

한 발짝 띠면
세월은 두 발짝 띠고
뒤돌아보면
아물거리는 초야일 뿐

달음박질하는 세월
잡을 수가 없으니
허허로운 속내는
할미꽃 홀씨로 날려 보내고
한 고개 또 넘어 볼까나

세월이 나를 끌고 가던
내가 세월을 쫓아가던
이왕에 내친걸음
어차피 동행인데
세월 타령하면서 넘어보자.

제목 : 인생길
시낭송 : 박영애
스마트폰으로 QR 코드를 스캔하면
시낭송을 감상할 수 있습니다

왜?

밤잠을 멀리 쫓아낸 시간
자주 아주 자주
얄궂은 꼬임에 빠졌어요

왜 왜 왜?
꼬치꼬치 꼬리를 물고
어둠 속을 끌고 다녀요

왜 여기까지 왔는지
왜 살고 있는지
왜 고독에 갇혔는지

선잠에 잠깐씩 홀려
악몽에 시달린 시간이
너무나 무서워요

왜 왜 왜?
꼬리를 잘라내려면
여명이 창가에 기웃거릴 때

아침 이슬에 세수하고
에너지를 충전해야
왜라는 물음표와 이별 할 수 있어요

제목 : 왜?
스마트폰으로 QR 코드를 스캔하면
시노래를 감상할 수 있습니다

회고

삼십 살을 두 번 살아온 지금
오장육부를 마비시켰던
지난날의 한을 풀어내는 순간이다

지금은 없어진 10등급
저 밑바닥부터 계단을 밟아 올라오는데
수만 가지 우여곡절이 있었지만

한 계단 두 계단
늘 제자리인 줄 알았던 시간은
어느덧 30년이 지났고

9급 8급 7급 6급, 5급 사무관 대우까지 올라와
더 이상 오를 곳이 없어
첫 계단 밟던 때를 회상하며
참 잘 살아왔노라고 미소 짓는다

경지에 다다라 돌아보는 삶만큼이나
보이지 않는 미래의 계단도
꽃길 지르밟듯이 올라 미소 꽃 피워보련다.

* 회고 : 지나간 일들을 돌이켜 생각함
* 경지 : 몸이나 마음, 기술 따위가 어떤 단계에 도달해 있는 상태

집으로 들어가는 길

별 보고 나와
달 보고 들어가는 길
축 처진 어깨가 무거워 보였을까
가을바람이 살랑살랑 내려앉아
토닥토닥 마사지를 해준다

거꾸로 선 가로등 불빛 아래
샛노란 물결이 출렁이고
사그락사그락 들려오는 노래에 쫑긋하고
종종걸음 멈추어 서니
나 닮은 그림자만이 서 있다

둘이서 의지하며 집으로 들어가는 길
무언의 정담을 나누면서
밤하늘을 올려다보니 구름 비집고
방글거려주는 달님이 참 고마워
두 어깨 활짝 펴고 입꼬리를 올려본다

사시사철 길동무가 되어 준
별과 달 그리고 바람
비가 오나 눈이 오나 꿋꿋이
불침번을 서주는 가로등 덕분에
집으로 들어가는 길이 그다지 외롭지 않다.

제4부

고향 가자

시월이 되면

가을향기 코끝을 스칠 때마다
귀에 익은 웃음소리가 까르르 굴러와
무릎 베고 누워 말그레 바라본다

살기 바빠서
삶의 언저리에 그리움만 동여매고
밤하늘을 물끄러미 바라보면
수많은 추억은 쏟아지는데
정작 잡아보면 형체 없는 동그라미뿐

어쩌다 눈썹달에 달무리가 지고
성급히 떨어져 굴러다니는 낙엽을 보면
눈망울에도 방울방울 물방울만 고인다

시월이 되면 왠지 더 스산하고
외로움은 갈피 갈피마다
차곡차곡 쌓여만 가니
세상만사 훌훌 털어내고
정처 없이 떠나고 싶어진다.

오늘 밤은 내가 주인공

어둠이 드리워진 제노바의 항구
출항을 알리는 기적소리에
잠에서 깬 수평선이 기지개를 켜고
토스카나 호가 힘차게 달린다

망망대해에 애환을 풀어내는 시간
황홀경에 빠진 소녀가 남사스러웠을까
한가위 보름달은 선상에 내려앉고
뭇별들은 폭죽인 양 반짝거린다

낮인지 밤인지 분간이 안 되는 화려한 선상
풍습이 다르고 색깔이 다른 사람들
언어도 가지각색이지만
손짓, 발짓으로 주고받는 소통의 장

잡힐 듯 잡히지 않는 달빛 아래
먹고 마시며, 춤추고 노래하는 시간
화려한 드레스 휘날리는 이 순간만큼은
소녀가 타이타닉의 선장이다.

제목 : 오늘 밤 내가 주인공
시낭송 : 박영애
스마트폰으로 QR 코드를 스캔하면
시낭송을 감상할 수 있습니다

제트보트

미지의 섬 마라도 가는 날
구명조끼 잔뜩 졸라매고
서슬이 시퍼런 바다로 향한다

출발 굉음에 손아귀가 뻐근했지만
망망대해 수평선과 맞닿는 순간
에메랄드빛에 매료되어 유유자적하다

까치놀 칠 때마다
지르는 함성에 맞춰
보트 조종사의 광기가 발동한다

파도 위를 자유자재로 누벼
찝찔하고 비릿한 액체가 온몸을 적셔도
가슴이 뻥 뚫리고 추억은 쌓인다

늘 떨어내지 못한 옹이 진 속내를
은빛 포말에 풀어내고
귀항하는 뱃머리에 갈매기 소리 정겹다.

* 까치놀 : 파도

하늘길에서 본 세상

장장 열일곱 시간을 날아왔다
밤하늘에서 보낸 시간은
상상조차 할 수 없었던 신비의 세상

서태평양 망망대해를
높이, 아주 높이 비상해
하얀 구름 위에 앉아 내려다본다

동행하던 뭇별도 하나둘 잠들고
달님도 수줍은 듯 숨어드는 시간
미지의 땅은 마치
잘 그려 낸 산수화처럼 매혹적이다

저 멀리 수평선 끝자락이
조금 조금씩 빨갛게 물들어 가고
새하얀 구름 비집고 피어난
오색 무지개가 춤추는 이탈리아의 아침
소녀의 가슴은 콩닥콩닥 방아질에 분주하다.

기회

이제 눈과 귀가 열렸다
보이지 않던 것이 보이고
들리지 않던 말이 들린다

인생이 익어가는 걸까
길을 걷다 보면
아이가 예뻐 보이고
계절이 변하는 것에 눈길이 머문다

들릴 때 듣고 보일 때 볼 수 있다는 것은
기회가 왔다는 징조다

기회는 계획이 아니라
우연히 찾아오는 법
왔을 때 잡는 것도 하나의 용기이다.

곳간 열쇠

서산 마루터기에 서서
지나온 세월 회상해 본다

층층시하 고된 시집살이 눈물로 삼키었고
계급장이 있는 공동체의 삶은
시기와 질투, 음모와 음해에 대한
불안감을 삭이며 견뎌왔다

수십 년간 식솔들을
어르고 달래며 거머쥔 곳간 열쇠
이제는 허리춤에서 떼 내야 한다

곳간 열쇠 물려주고 나면
청춘을 빼앗긴 듯 공허할 터인데
무엇으로 채워가야 할지 막연하다

오감의 달인으로 살아온 것처럼
내 여생(餘生)의 도화지에 황혼을 스케치하며
새 곳간 열쇠 허리춤에 달아 보려 한다.

제목 : 곳간 열쇠
시낭송 : 박영애
스마트폰으로 QR 코드를 스캔하면
시낭송을 감상할 수 있습니다

스승의 날

허기진 배는
옹달샘으로 채우고
만학으로 걸어 온 세월이
어언 반세기가 되었습니다

초년에 접어야 했던 꿈은
주경야독으로 이루었는데
선생님을 향한
그리움은 쌓여만 갔습니다.

반세기 가까운 세월 동안
잊지 못한 선생님을
백발이 되어서 불러봅니다

오월이면
만지작거리던 꽃바구니에
고마움을 한가득 담아
그리운 선생님께 보냅니다.

바람길

얼음꽃에 내려앉은 봄 햇살이
바람길을 열어주면
번민하던 청춘이 희망을 부른다

콘크리트 틈에서 피어난 꽃처럼
언 땅을 비집고 고개를 든
파릇파릇한 새싹처럼 생기가 가득하다

깔딱고개를 수없이 오르내리며
천신만고 끝에
꿈나무를 키워 낼 주역이 된 청년이다

바람길에 앉아 봄 햇살 한 모금 마시며
배시시 웃는 얼굴엔
거대한 광명이 드리워졌다.

제목 : 바람길
시낭송 : 박영애
스마트폰으로 QR 코드를 스캔하면
시낭송을 감상할 수 있습니다

* 2024년 신춘문학상 은상 작품

종이컵의 하소연

내 속을
후끈 달아 올려서

두 손에 감싸고
제 몸 데워지면
가차 없이 버림받는 신세

냉탕 온탕
다 좋은데
보낼 땐 제발
고이 보내 주면 좋겠어.

비우면 채워지는 삶이 좋다

가슴에 묻고 있던 것을 캐내었더니
따스한 봄바람이
밀고 당기며 훨훨 날아간다

그 자리는 기쁨과 행복이 들어앉아
그동안 잘 살아왔다고
토닥토닥 어루만져 준다

황혼에는 참지도
묻어두지도 말고
아프면 아프다고 투정을 부려보란다.

고향 가자

이정표 없는 길목
돌아갈 수 없는 길을
터벅터벅 걸어왔지

허공만 바라보며
눈물로 지새운 밤
그때가 아직도 선명해

솥단지에 속을 풀어
불꽃 속에 날린 날들이
별이 되었어

이제는 가고 싶어
은하수 춤추고
햇살이 따뜻한 곳
그곳으로 가고 싶어

별꽃을 한 아름 안고
정 따라 향기 따라
고향으로 달려갈 거야

제목 : 고향 가자
스마트폰으로 QR 코드를 스캔하면
시노래를 감상할 수 있습니다

친구야

자네도 빈손, 나도 빈손
우리 모두 빈손으로 갈 텐데
있다고 오래 살고 없다고 적게 사는 인생이 아닌 것을
뭘 그리 아등바등하는가

백 년도 못 사는 인생길 천년을 살 것처럼
욕심내고 고민하고 시기하는 삶을 사는가
빈손으로 왔다가 빈손으로 가는 길
한번 왔다가 한번 가는 인생 즐기면서 살다가
웃으면서 여행을 끝내야 한다

살면서 한 가지 욕심낼 것이 있다면
친구에 대한 욕심이야
백 년을 여행하는 동안 버거운 때가 오면
가장 곁에 두고 싶고 아주 그리울 사람

노년의 행복이 진정한 행복이고
노년의 친구가 많다는 것은
인생에서 가장 큰 선물을 받은 것이다

세월이 가면 누구나 늙어가지만
친구와의 우정은 익어가는 것이고
몸은 늙어도 사랑은 깊어져 가는 것
욕심은 버리고 마음은 내려놓고
그렇게 친구와 함께하고 싶은 마음 간절하다

친구야!
우리 얼마나 같이할지 모르지만
지금처럼 서로를 향한 마음 간직하고
손을 누가 먼저 놓든 간에
몸은 보내 주고 정은 가슴에 묻자
친구야 나는 네가 참 좋다.

제목 : 친구야
시낭송 : 조한직
스마트폰으로 QR 코드를 스캔하면
시낭송을 감상할 수 있습니다

가슴에 묻었다

너를 보내고 석삼년
한 번도 찾아갈 수가 없었다

끝까지 책임지리라
같이 살자
약속해 놓고 너를 보냈다

나의 채취 흔적, 차 소리까지
알아듣는 너에게
더는 아픔을 주면 안 되니까

그저 잘 지내기를 바랐는데
가는 길에 잘 간다고
꿈속에 찾아와 소식 줘서 고맙다

끝까지 책임지리라
같이 살자고 약속해 놓고,
너를 보낸 죄책감에 편한 잠 잘 수 없었다.

그저 잘 지내기를 바랐는데
가는 길에 잘 간다고
꿈속에 찾아와 소식 줘서 고맙다

봄아! 아주 미안해
이별 없는 세상에서
아프지 말고, 편히 쉬어라

이제
네가 잠들어 있는 곳에 가서
그리움 털어놓고 실컷 울어보련다.

* 봄이 : 15년 함께 살다가 보낸 반려견

제목 : 가슴에 묻었다
시낭송 : 박영애
스마트폰으로 QR 코드를 스캔하면
시낭송을 감상할 수 있습니다

울고 있는 보름달

팔월 한가위라는데
눈물 머금고 홀로이 떠 있는
보름달의 사연이 무엇일까

고향에 계신 부모님
자식 보고 싶은 마음
애써 추스르는 어설픈 미소인가 봐

오지 마라, 오지마
요즘 역병이 무섭더라
속내 숨기고 행여나 올까 봐

사립문 열어 놓고
이제나저제나
행여 밤길 달려오려나

기다리는 어미 마음
보다 보다 못해
울지도 웃지도 못하는 사연이었어.

제목 : 울고 있는 보름달
시낭송 : 박영애
스마트폰으로 QR 코드를 스캔하면
시낭송을 감상할 수 있습니다

찔레꽃이 필 무렵

찔레꽃이 피는 오월이면
아버지의 꼴지게에는
찔레순 한 줌이 들어 있다

걸핏하면 허기진 배를
옹달샘에 앉아 달래던 시절
논두렁에서 따 온 찔레순은
아버지의 사랑이었다

쇠갈퀴가 된 손으로
껍질 벗겨 입에 넣어주면
이밥 한 그릇보다 달콤했던
그 순간을 잊지 못한다.

제목 : 찔레꽃이 필 무렵
시낭송 : 전선희
스마트폰으로 QR 코드를 스캔하면
시낭송을 감상할 수 있습니다

화전

어둠을 밀어낸 안개가
햇살에 숨어들면
참꽃보다 고운 어머니가 앉아 계신다

허리춤에 매달린 소쿠리에는
참꽃으로 채워 놓고
하얀 머릿수건만 휘휘 저으신다

"예야! 화전 구워 먹자."
귓가에 맴도는 목소리 좇아
고향 집 부뚜막에 앉아 있다

햇살 받아 불 지펴놓고
산마루턱을 기웃거려보지만
그리운 목소리만 메아리친다.

가을 풍경

가을이 굴러다닌다
우수수 떨어지는 홍엽이
갈바람에 춤을 춘다

가시 옷을 벗고 떨어진 알밤은
다람쥐의 까만 눈을 피해
홍엽 사이사이로 숨어들고

사그락거리는 가을볕은
황금물결 일렁일 때마다
갈피갈피 열어 입맞춤한다

널뛰기하는 메뚜기들
하늘 높은 줄 모르는가 보다
여기서 팔딱 저기서 팔딱
가을 운동회가 열렸다

문득 지난가을이 그립다
달빛에 따주던 대추 몇 알이
빨갛게 아주 빨갛게
그리움으로 익어간다.

가면

눈빛으로
한 무대에 선 두 사람

유리 벽 넘어
가면을 쓴 속마음을
알 수가 없었네

각본 없이 선 무대에서
재주 부리는 고양이를
호랑이로 키운 꼴

무대를 접고
가면을 벗은 얼굴엔
원숭이 탈이 씌워져 있었네.

제목 : 가면
스마트폰으로 QR 코드를 스캔하면
시노래를 감상할 수 있습니다

그대 향기

그리움이
옆구리 콕콕 찌르는 새벽녘

눈물샘 터트린 하늘에
동그라미만 그려 놓는다

산허리를 맴돌던 안개비가
슬금슬금 옷을 벗는 아침

찻잔에는 그대 향기로 채우고
그리움은 눈물비로 달랜다.

정도(程度)의 공간

저장 공간이 몸살을 앓아
언어들의 발길질이 치밀어 오른다

넓은 하늘 향해
들이마시고 내쉬는 찰나

복식호흡에 막혔던 숨통이 트이고
잡념은 새처럼 훨훨 날아간다

불순한 생각들을
뿌리까지 솎아 내면

새벽 여명이 밝아오듯 개운하고
가슴속에 푸른 희망이 넘실거린다.

봄비의 신비함

해토 될 즈음
봄비의 달콤함이
대지의 만물을 깨우면
어느 것 하나 차별 없이
향기로 피워내는 마법사다

* 2025년 짧은 시 짓기 금상 작품

엽전

별것도 아닌 것이 왕이 된다
별것도 아닌 것이 위대한 사랑을 받고
별것도 아닌 별것이 세상을 지배한다

고것에 눈이 멀어
고것의 꼬임에 빠져
고것의 놀잇감이 되어간다

기름기 잘잘 흐르는 배 사장
속이 텅 빈 허우대 멀쩡한 주색 남
밤이슬을 좋아하는 담치기
검은 안경 씌워 놓으니
모두가 눈뜬장님인 것을

집 잘 지키는 발발이도
일 잘하는 누렁이도
안 집어 먹는 땡 닢이 춤을 춘다

조그만 엽전에 세상은 돌고
얄팍한 종이 한 장에
세상은 노예가 되어가고 있다.

제목 : 엽전
시낭송 : 조한직
스마트폰으로 QR 코드를 스캔하면
시낭송을 감상할 수 있습니다

밭어버이 그리운 날

얄망스러운 여름날 아침이다
밤새도록 우레를 앞세워
달구비가 내리더니 사들사들 해진다

서머한 마음이 들었을까
햇살이 잠깐 얼굴을 내밀었다
사리사리한 안개 틈새 비집고
밭어버이 환하게 웃고 계신다

한때
밭어버이 한창일 때는
비 오는 날이면 무릎 베고
흥얼거리는 소리에 스르르 잠이 들었다

먼발치로 보이는
구부정한 어르신을 보니
된길 걸어온 서러움이 복받쳐
밭어버이가 아주 그리운 날이다.

* 밭어버이 : 늘 집 바깥에 계신 부모라는 뜻으로,
  "아버지"를 달리 이르는 말
* 2023년 순우리말 시 짓기
  공모전 금상 작품

제목 : 밭어버이 그리운 날
시낭송 : 김락호
스마트폰으로 QR 코드를 스캔하면
시낭송을 감상할 수 있습니다

동창생

가을바람이 꼬드겨서가 아니다
어릴 적 추억이 모인다기에
한달음에 달려간 곳

맞잡은 두 손의 온기에
보이지 않던 벽이 무너지고
숨겨둔 속내를 털어놓는다

황혼에 들었어도
하하 호호 깔깔거리며
마음은 마냥 청순한 소녀들

그 웃음꽃에
입꼬리만 씰룩이는 소년의 미소는
해넘이에 채색되는 붉은빛이다.

황혼의 여백

삶의 중턱에 올라 회상해 보니
새는 항아리 채우기에 급급해
꽃이 피고 지는 것조차 망각했다

애별리고를 감내하며
시커먼 가시덤불 걷어낸 지금
작은 점 하나 없는 백지에 황혼을 그려간다

연고 하나 없는 낯선 곳에
설렘과 떨림으로 튼 둥지에는
어느덧 사랑이 움트고 있다

햇살이 찾아든 시간
찻잔에 피어오르는 향기는
엄마 냄새처럼 달콤하다

이제 지난날의 아픔은 잊고
나만의 삶을 스케치하며
텅 비었던 마음을 글 꽃으로 채워간다.

외눈

앨범을 한 장 한 장 넘기며
너의 발자취를 좇아가니
네 눈을 바라보며 쌓은 추억들이
수없이 숨 쉬고 있다

네 눈은
무궁무진한 기술을 가진
초능력이 있었나 보다

네 앞에서는
남녀노소 누구나 할 것 없이
바보스러운 사랑꾼이 된다

찰칵찰칵 소리가 날 때마다
너와 눈 맞춤했던 순간들이
평생 간직할 보물이 되고
세월이 흘러도 늙지 않는다

어쩌면 엄마 눈을 닮아
마음마저 읽어주고
외눈인 줄 알았는데
너는 천개(遷改)의 눈을 가졌다.

나이 듦의 지혜

분명. 생활 습관 탓은 아닐 텐데
새벽 세시 삼십 분이면
어둠과 아침 인사를 한다

하루가 고되면 더 갭직해지는 눈망울을
소맥(燒麥)으로 마취시킬 때도 있지만
늘 그 시간이면 눈이 떠진다

새싹들이야 일찍 자고 일찍 일어나야
성장호르몬이 분비되어 쑥쑥 큰다지만
더 자랄 나이도 아닌데 왜일까

나이 들면 초저녁에 구들목이 그립고
첫닭 울음소리에 들판으로 나간다더니
아마도 나이 들어가나보다

평생 새벽이슬 맞고 달려 온 삶
터 귀신은 언감생심이고
황혼은 늘 새벽 여명과 함께하고 싶다.

제목 : 나이 듦의 지혜
시낭송 : 전선희
스마트폰으로 QR 코드를 스캔하면
시낭송을 감상할 수 있습니다

허수아비

하늘을 짊어지고
흐르던 구름 조각들
숨어 잠자던 해님을 깨운다

사시사철 단벌 신사
휑한 들판에 홀로 서서
길목을 지키는 허수아비

낮에는 햇살에 기대어
바람에 안긴 채 쪽잠 자고
밤에는 달빛을 이고
선잠으로 아침을 맞는다

꽃이 피면 같이 웃고
비가 오면 같이 울고
눈보라가 몰아쳐도
쓰러지지 않는 허수아비

꽃 피는 새봄이 왔는데
새 옷 한 벌 선물 해 줘야지
노랑 저고리에 초록 치마 한 벌.

나폴리 항구의 비애

풍문으로 듣던
나폴리 항구에 들어서는 순간
여기가 유럽인가 싶을 정도로 의심났다

건물과 거리 풍경이 난잡하고
교통질서는 아예 없는 곳
먼저 들이밀면 장땡이며
우리나라 변두리 수준에도 못 미쳤다

집집이 베란다에 내 걸린 빨래들
그 유명한 나폴리 항구가
널린 빨래보다 더 구겨진 꼴이다

이틀 밤을 꼬박 구름 위로 날아와
크루즈에 오르는 첫날
새삼 내 사는 나라가 자랑스럽고
전에 없던 애국심이 불뚝거린다.

장미의 속내

가만히 있어도
관객이 몰려드는 네가 부러워
한때는 너를 닮고 싶었다

오월만 되면 명성이 자자하고
요염하게 교태를 부리면
너의 앞에선 누구나 바보가 된다

앙다문 붉은 입술에 매료되어
살짝 입맞춤이라도 하려 하면
손톱을 세워 밀어내는 새침데기

아무리 갖고 싶어도
함부로 꺾지 말라는 교훈인걸
장미의 깊은 속내를 알기나 할까.

출산의 고통

댕기 머리 풀고 사랑으로 피워낸 꽃
열 달 동안 뱃속에 품었다가
세상에 내놓을 때
탯줄 끊어내는 고통은
별을 보고 나서야 기쁨이 되었습니다

그때 벅찼던 황홀함과 환희를 잊지 못해
가슴 속에서 키워 낸 나의 사랑하는 꽃마리들
천 일 동안 고이 품고 있다가
허허벌판 세상 밖에 내놓으려니
기쁨보다 두려움이 더 큽니다

이름도 지어야 하고
고운 옷에 향기 품어 날개까지 달아주려니
배가 뒤틀려 뒹굴던 아픔보다
허리가 끊길 것 같은 고통보다
머릿속엔 온통 걱정거리로 채워져 있습니다

그렇다고 마냥 가슴속에 품고 살 수는 없는 일
꽃 피는 봄날 꽃바람 불어올 적에
단단히 채비하여 내보내면
열 달 품었다가 낳은 아이가 준 행복처럼
천 일 동안 가슴으로 키워 낸 분신도
고운 향기로 훨훨 날아 별을 따다 줄 거라 믿습니다.

제목 : 출산의 고통
시낭송 : 박영애
스마트폰으로 QR 코드를 스캔하면
시낭송을 감상할 수 있습니다

내비게이션

이만큼 와서 돌아보니
내비게이션이 없었다
안개 자욱한 세 갈래 길
이정표는 더더욱 없던 시절

그저 주어진 삶에 따라
이리 가라고 하면 가고
저리 살라고 하면 살았다

이제는 내비게이션을 달고
시 밭을 목적지로 설정해 놓자

삶을 씨앗으로 뿌리고
인생은 꽃밭을 가꾸어
벌들의 입맞춤을 받으며
멋들어진 탱고 춤을 추는 거야

운무가 모락모락 피어나는 아침이면
일곱빛깔무지개 햇살에 시를 걸고
뭇별들이 춤을 추는 밤이면
은하수 건너 달나라도 가보는 거야.

또, 하나의 별을 따다

염경희 제2시집

2025년 11월 24일 초판 1쇄
2025년 11월 26일 발행
지 은 이 : 염경희
펴 낸 이 : 김락호
디자인 편집 : 이은희
기 획 : 시사랑음악사랑
연 락 처 : 1899-1341
홈페이지 주소 : www.poemmusic.net
E-Mail : poemarts@hanmail.net

정가 : 12,000원
ISBN : 979-11-6284-623-0

저작권자와 맺은 특약에 따라 검인은 생략합니다.
잘못된 책은 교환해 드립니다.